**Editors**

Kim Fields

Heather Douglas

**Cover Artist**

Marilyn Goldberg

**Editor in Chief**

Ina Massler Levin, M.A.

**Creative Director**

Karen J. Goldfluss, M.S. Ed.

**Art Coordinator**

Renée Christine Yates

**Imaging**

Nathan P. Rivera

James Edward Grace

**Publisher**

*Mary D. Smith, M.S. Ed.*

Grades 1–2

The classroom teacher may reproduce copies of materials in this book for classroom use only. Reproduction of any part for an entire school or school system is strictly prohibited. No part of this publication may be transmitted, stored, or recorded in any form without written permission from the publisher.

**Author**

Susie Myers

**Teacher Created Resources, Inc.**

6421 Industry Way

Westminster, CA 92683

www.teachercreated.com

ISBN: 978-1-4206-5998-X

© 2009 Teacher Created Resources, Inc.

Made in U.S.A.

Teacher Created Resources

# TABLE OF CONTENTS

# SKILLS AND OBJECTIVES

This book is intended to be used with students in kindergarten through second grade. For visual-discrimination practice, the graphs can be used in a writing center and completed individually (this is a good precursor for letter-formation skills.). For auditory practice, the graphs can be completed in a large-group setting.

During the independent activity, a student will gain the following:

- color recognition skills
- fine-motor skills
- eye-hand coordination
- left-to-right orientation
- visual-spatial skills
- transference skills
- graphing skills
- geometric shapes recognition
- understanding of beginning fractions
- one-to-one correspondence

During the group activity, a student will gain the following:

- short-term auditory/memory skills
- auditory following-directions skills
- color recognition skills
- geometric shapes recognition
- understanding of beginning fractions
- vocabulary building/reinforcement
- application of positional words such as up, down, right, left, across, and diagonal
- ordinal numbers recognition
- cardinal numbers recognition
- one-to-one correspondence

# HOW TO USE THIS BOOK

## Independent Activity (visual)

### Materials

- 1 copy of Color Code (page 62)
- appropriate crayons or markers for each student
- 1 (or 2) sheet(s) of grid paper (7" x 9") for each student (pages 60–61)
- 1 copy of Picture Directions sheet (e.g., page 4)
- 1 copy of corresponding Answer Key (e.g., page 5)

### Directions

1. Color each crayon on the Color Code the appropriate color and laminate.
2. Laminate the Picture Directions sheet.
3. Color the corresponding Answer Key as directed and laminate.
4. Place the materials at a center.
5. Have each student use the Picture Directions sheet and grid paper to complete a graph.
6. Have the student check his or her work and fill in details using the Answer Key as a guide.

## Group Activity (auditory)

### Materials

- appropriate crayons or markers for each student
- 1 (or 2) sheet(s) of grid paper (7" x 9") for each student (pages 60–61)
- chalkboard to draw half-square triangles and other irregular shapes
- 1 copy of Picture Directions sheet (e.g., page 4)
- 1 copy of corresponding Answer Key (e.g., page 5)

### Directions

1. Enlarge and color the corresponding Answer Key and laminate.
2. Distribute crayons and grid paper to each student.
3. Use the Picture Directions sheet to give oral instructions to the students (i.e., On the first row, color 6 squares blue, 3 squares green, and 1 square red.)
4. Draw confusing shapes on the board as you come to them (i.e., half-square triangles).
5. Post the Answer Key as a guide for students to check their work and complete details on the graphs.

## General Notes

- The degree of difficulty progresses within each section and throughout the book. The easiest graphs appear at the beginning of each section.
- For younger students, you may choose to use an Answer Key in place of the Picture Directions sheet at the center. In this manner, the students can color in the squares as shown on the Answer Key.
- For white spaces, you may choose to let a student leave the spaces blank rather than coloring them with a white crayon.
- All graphs use the 7" x 9" grid (page 60) except for Graphs 16–17 and Graphs 23–24. These use two pieces of the 7" x 9" grid (pages 60–61).
- To modify the auditory activity for ESL students, you may wish to mark each column on the grid where the student should begin coloring.

# Picture #1

## Color Code

G = Green     R = Red     Y = Yellow
B = Blue     W = White

1. Color 2 **G** 7 **B**
2. Color 2 **G** 3 **B** 1 **R** [B/R] 2 **B**
3. Color 2 **G** 5 **R** 1 [B/R] 1 **B**
4. Color 2 **G** 2 **W** 2 **R** 1 **Y** 1 **R** 1 **B**
5. Color 2 **G** 2 **W** 2 **R** 1 **Y** 1 **R** 1 **B**
6. Color 2 **G** 5 **R** 1 [R/B] 1 **B**
7. Color 2 **G** 3 **B** 1 **R** [R/B] 2 **B**

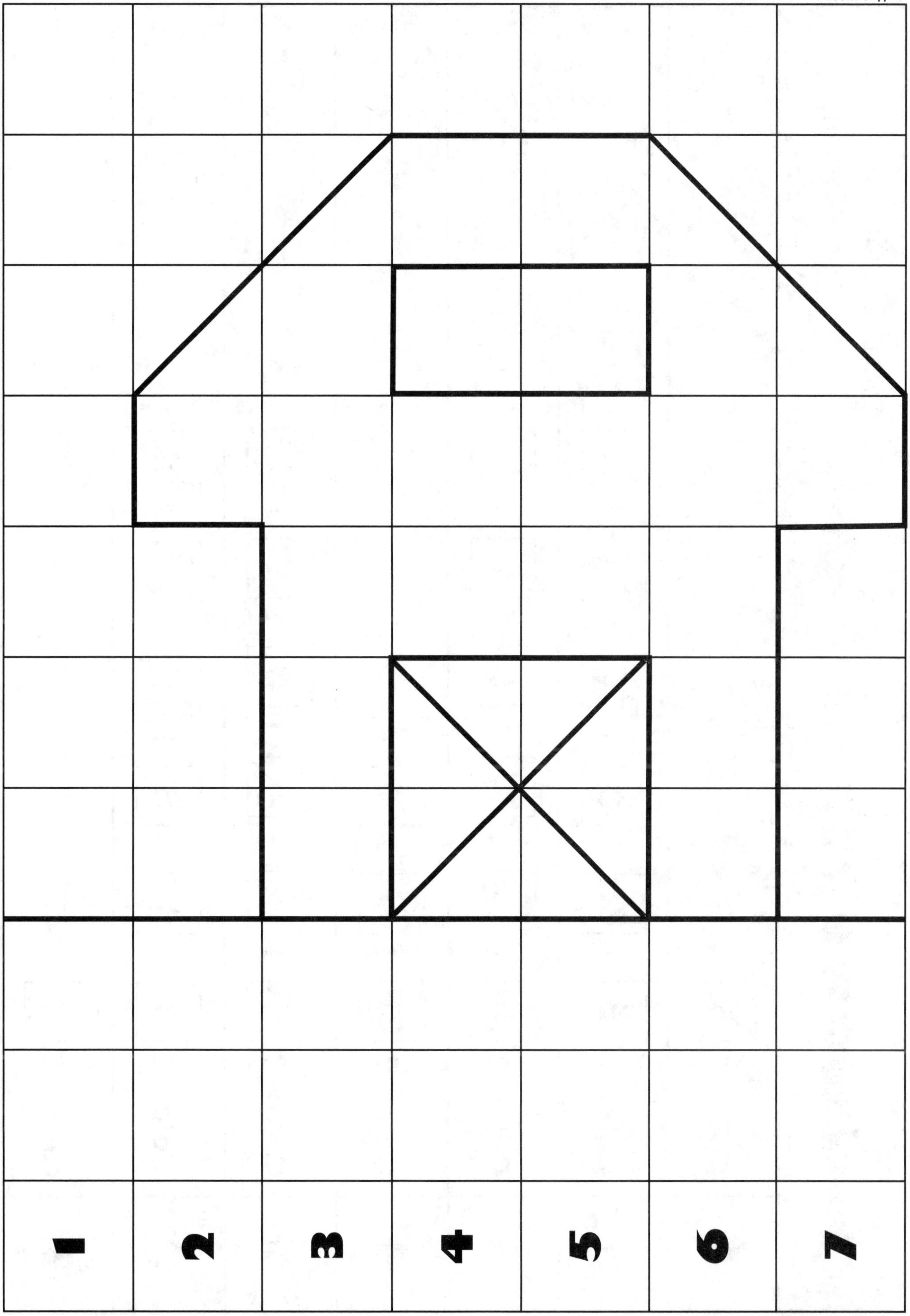
1
2
3
4
5
6
7

# Picture #2

## Color Code
BR = Brown
Y = Yellow
G = Green
B = Blue

**1** Color 9 | B

**2** Color 2 | B – BR – B – B/G – 3 B

**3** Color 3 | BR – B/G – G/B – B 2 Y – Y/B

**4** Color 3 | BR 3 G 3 Y

**5** Color 3 | BR – G/B – B/G – B 2 Y – Y/B

**6** Color 2 | B – BR – B – G/B – 3 B

**7** Color 9 | B

| 1 | 2 | 3 | 4 | 5 | 6 | 7 |

© Teacher Created Resources, Inc. 7 #5998 Start to Finish: Graph Art

# Picture #3

## Color Code

B = Blue  BR = Brown
BL = Black  W = White

| | |
|---|---|
| 1 | Color 5 B – [B/W] 3 B |
| 2 | Color 5 B – W – [B/BR] [BR/B] – B |
| 3 | Color 1 B – [B/BL] BL 3 W – BR 2 B |
| 4 | Color 1 B 2 BL W – [W/BL] [BL/W] – BL 2 B |
| 5 | Color 1 B – [BL/B] BL 3 W – BR 2 B |
| 6 | Color 5 B – [B/BR] W – [B/BR] B |
| 7 | Color 5 B – [B/W] 3 B |

| 1 | 2 | 3 | 4 | 5 | 6 | 7 |

## Color Code

B = Blue    G = Green    PK = Pink

**1**   Color 9 [B]

**2**   Color 1 [B] — [B/PK] — 4 [PK] — [B\PK] — 1 [B]

**3**   Color 1 [B] — 6 [PK] — [PK\B] — 1 [B]

**4**   Color 1 [B] — 8 [PK]

**5**   Color 1 [B] — [PK/B] — 7 [PK]

**6**   Color 2 [B] — 1 [PK] — [PK/B] — 1 [B] — [PK/B] — 2 [B]

**7**   Color 2 [G] — 1 [G] — [PK/G] — 2 [G] — [G/PK] — 1 [G]

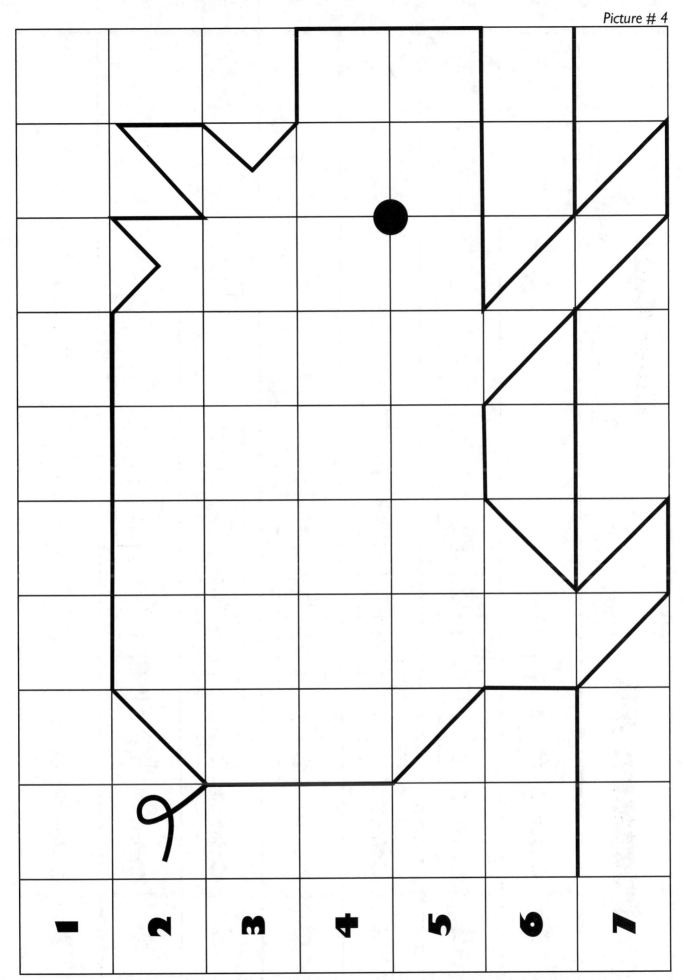

# Color Code

B = Blue   BL = Black   BR = Brown

# Picture #5

| # | Instructions |
|---|---|
| 1 | Color 5 **B**, 2 [B/BR], 2 **B** |
| 2 | Color 3 **B**, 1 [B/BL], [BL/BR], 2 **BR**, 1 [B/BR], 1 **B** |
| 3 | Color 2 **B**, 1 [B/BL], [BL/BR], 4 **BR**, 1 [B/BR] |
| 4 | Color 1 **B**, 1 [B/BL], [BL/BR], 6 **BR** |
| 5 | Color 1 [B/BL], [BL/BR], 3 **BR**, 1 [BR/B], 1 **B**, 1 [BR/B], 1 **BR** |
| 6 | Color 1 [BL/BR], [BR/B], 3 **BR**, 4 **B** |
| 7 | Color 9 **B** |

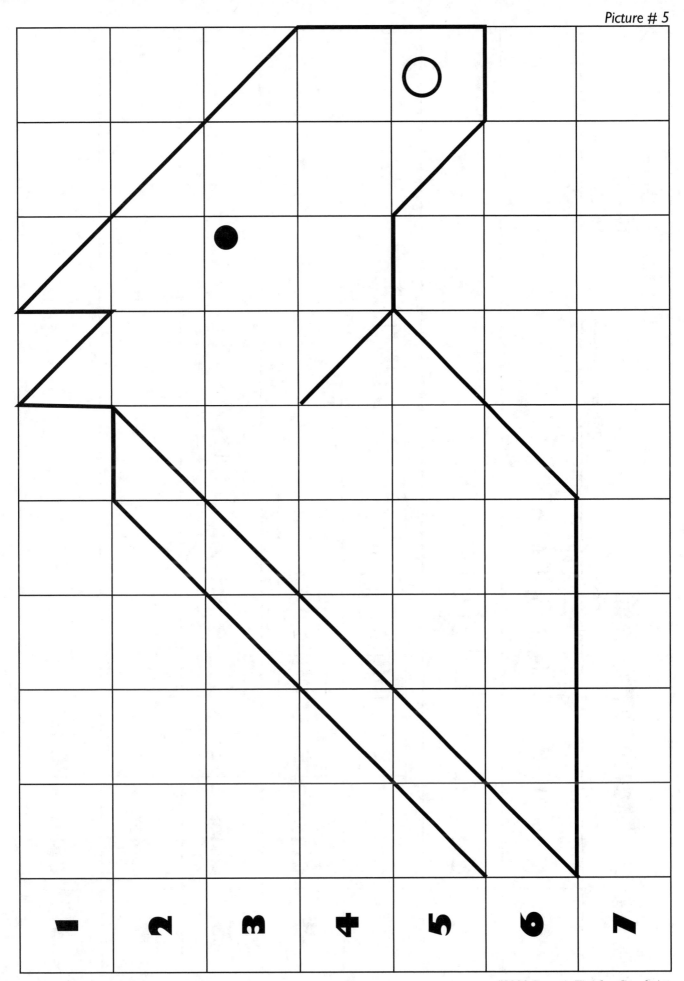

# Picture #6

**Color Code**

B = Blue   G = Green
BR = Brown   Y = Yellow

| # | |
|---|---|
| 1 | Color 1   B — B/BR — 6 B |
| 2 | Color 1   B/Y   2 BR   6 B |
| 3 | Color 2   B — BR — B/BR — 2 BR — B/BR — B |
| 4 | Color 2   B   5 BR — BR/B — B |
| 5 | Color 2   B — 3 BR — BR/B   2 B |
| 6 | Color 9   B |
| 7 | Color 9   G |

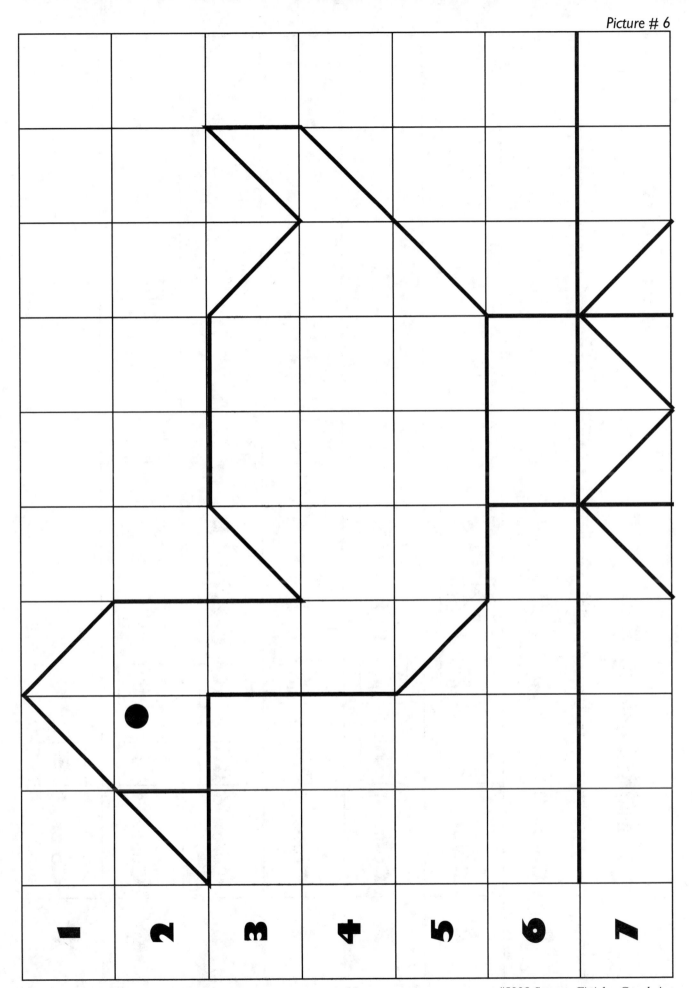

# Picture #7

**Color Code**

B = Blue    R = Red

BR = Brown    Y = Yellow

| # | Instructions |
|---|---|
| 1 | Color 2 BR – [B/BR] – 6 B |
| 2 | Color 3 BR – [B/BR] – 1 [B/R] – 4 B |
| 3 | Color 4 BR – [R/BR] – 1 R – 3 B |
| 4 | Color 5 BR – [R/BR] – 1 R – 1 [R/B] – 1 B |
| 5 | Color 6 BR – [R/B] – 1 R – 1 [R/B] – 1 B |
| 6 | Color 3 B – 1 R – 1 [Y/B] – 1 [R/B] – 1 [R/B] – 1 B |
| 7 | Color 9 B |

| 1 | 2 | 3 | 4 | 5 | 6 | 7 |

# Picture #8

**Color Code**

B = Blue    Y = Yellow    BL = Black
O = Orange    R = Red    GR = Gray

1. Color 9 [B]

2. Color 5 [B] - [O] 2 [Y] - [B]

3. Color 5 [R] - [O] 2 [Y] - [B]

4. Color 5 [R] 4 [O]

5. Color 5 [R] 4 [O]

6. Color 1 [R] - [R/BL] 2 [R] - [O] - [O/BL] - [O]

7. Color 1 [GR] - [BL/GR] 3 [GR] - [BL/GR] - [GR]

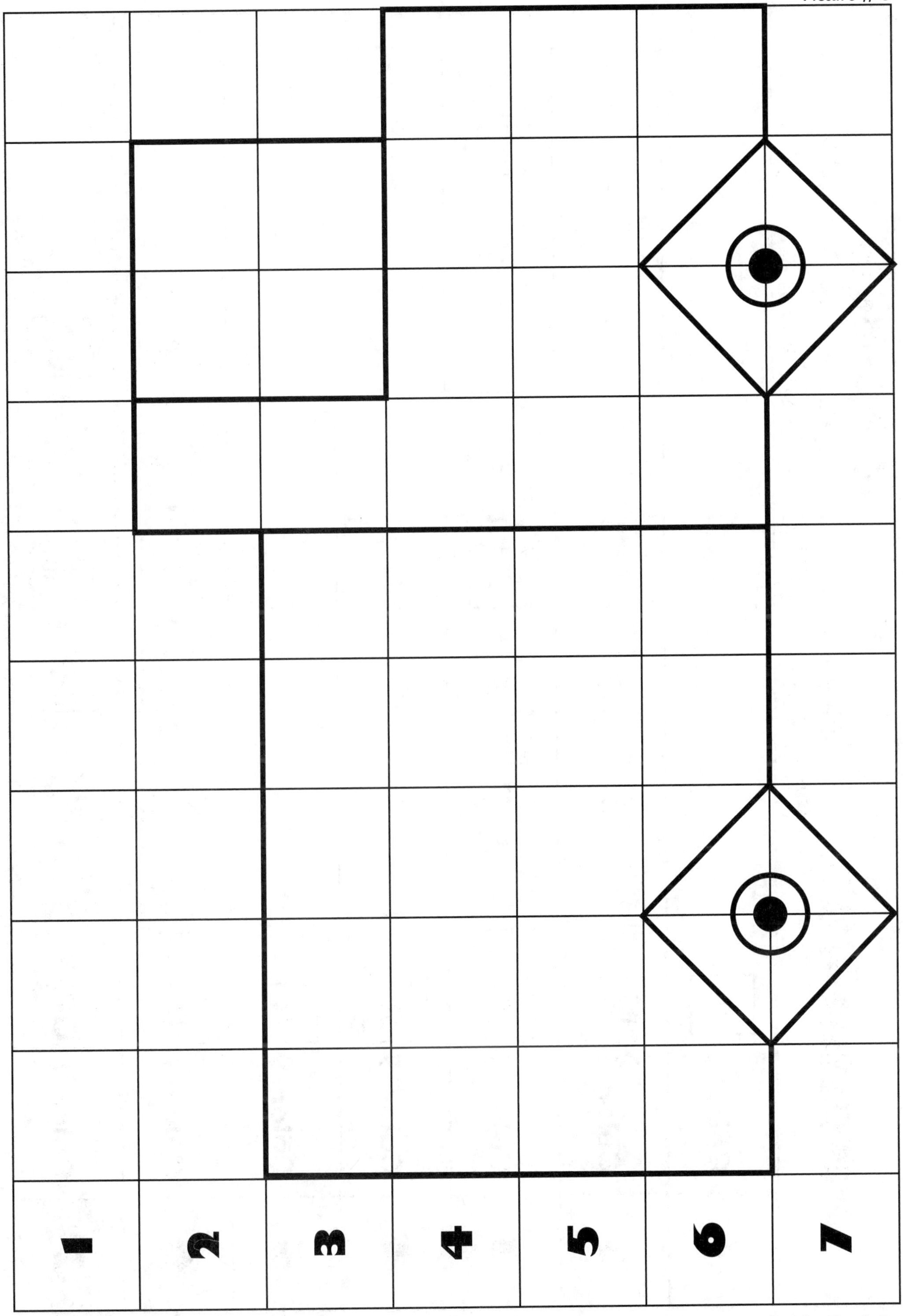
1
2
3
4
5
6
7

# Picture #9

**Color Code**

B = Blue    Y = Yellow
BL = Black    GR = Gray
R = Red

**1**   Color 9 [B]

**2**   Color 1 [B/R] 6 [R] I [B/Y] I [B]

**3**   Color 1 [Y] I [R] I [Y] I [R] I [Y] I [R] I [Y] I [Y/B]

**4**   Color 9 [R]

**5**   Color 9 [R]

**6**   Color 1 [R/BL] I [R] I [R/BL] I 3 [R] I [R/BL] I [R]

**7**   Color 1 [BL/GR] I [GR] I [BL/GR] I 3 [GR] I [BL/GR] I [GR]

1  2  3  4  5  6  7

**Color Code**

| B = Blue | G = Green | O = Orange |
|---|---|---|
| BL = Black | GR = Gray | Y = Yellow |

**1**   Color 3 B - [B/O] - O - [O/B] - 3 B

**2**   Color 5 O - B - 2 G - [B/Y]

**3**   Color 5 O - B - 2 G - Y

**4**   Color 5 O - B - 3 G

**5**   Color 1 [G/BL] - G - [G/BL] - G - [G/BL] - G - [G/BL] - G

**6**   Color 1 [BL/GR] - GR - [BL/GR] - GR - [BL/GR] - GR - [BL/GR] - GR

**7**   Color 9 GR

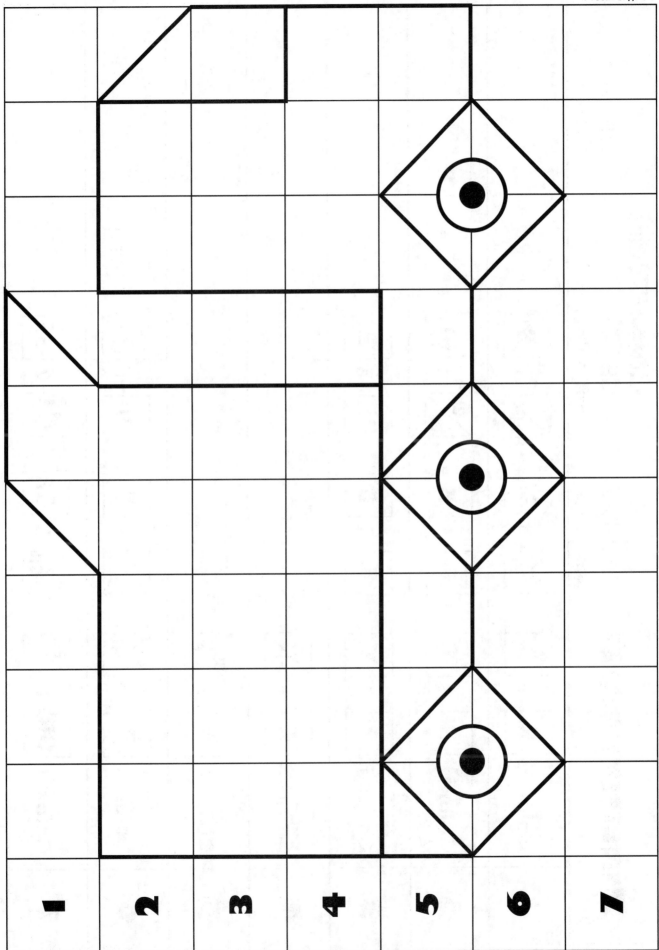

# Picture #11

## Color Code

| | |
|---|---|
| B = Blue | GR = Gray    Y = Yellow |
| BL = Black | R = Red |

| # | Color |
|---|---|
| 1 | Color 4 R - B - [B/BL] - BL - [B/BL] - B |
| 2 | Color 1 R 2 Y - R - B - [BL/B] - BL - [BL/B] - B |
| 3 | Color 1 R 2 Y - R 2 B - BL 2 B |
| 4 | Color 8 R - [B/BL] |
| 5 | Color 8 R - [BL/B] |
| 6 | Color 1 R - [R/BL] - R 4 BL - [B/BL] |
| 7 | Color 1 GR - [BL/GR] - 2 GR 2 (BL) 2 GR |

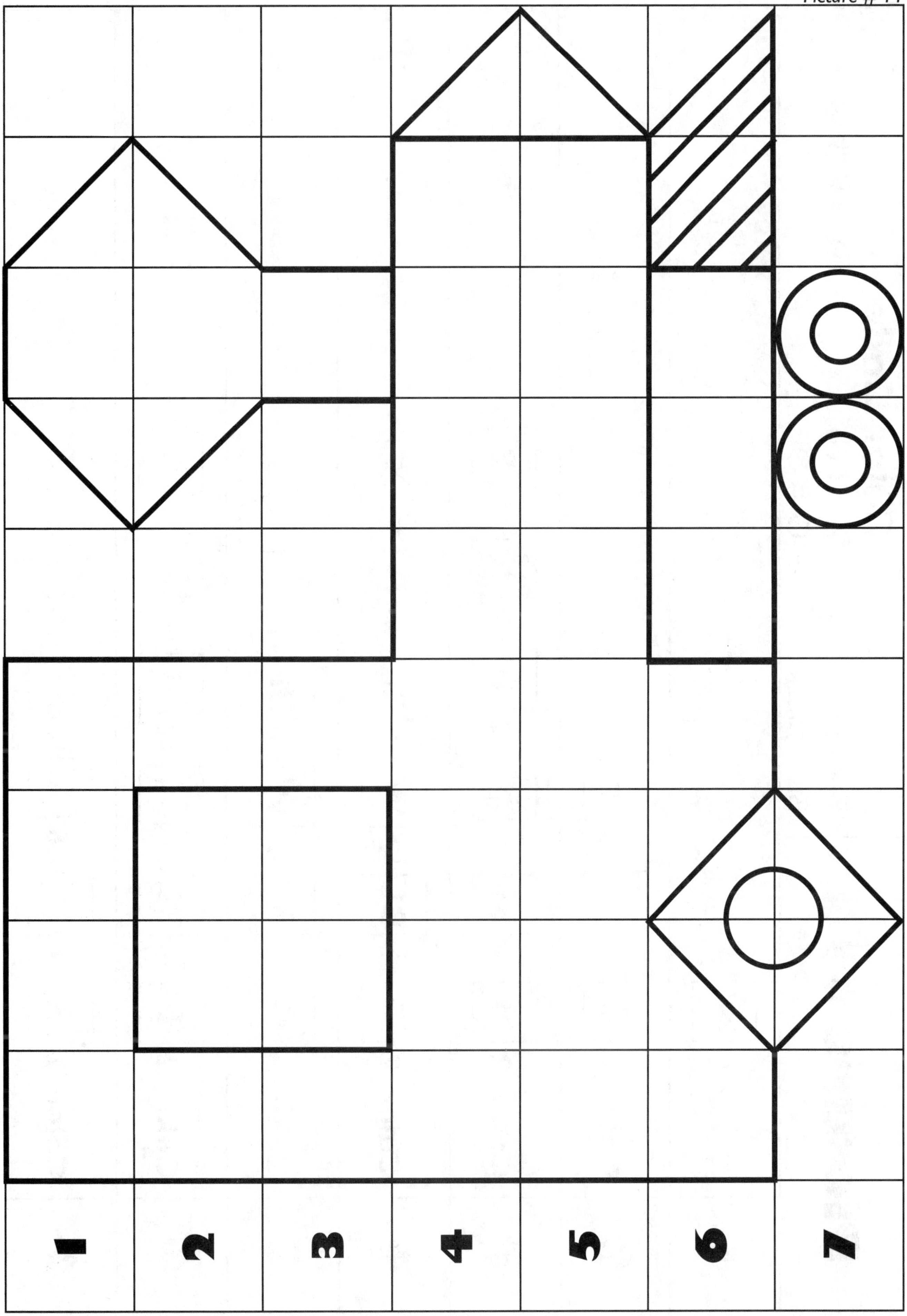
1
2
3
4
5
6
7

# Picture #12

## Color Code

| | |
|---|---|
| B = Blue | R = Red | W = White |
| BL = Black | O = Orange | |

1. Color 9 B

2. Color 2 B - BL/B 6 B

3. Color 2 B - BL 2 B - BL/B 2 B

4. Color 2 O 2 BL 2 W - BL - R - R/B

5. Color 2 O 2 BL 2 W - BL - R - R/B

6. Color 2 B - BL/B 2 B - BL/B 2 B

7. Color 2 B - BL/B 6 B

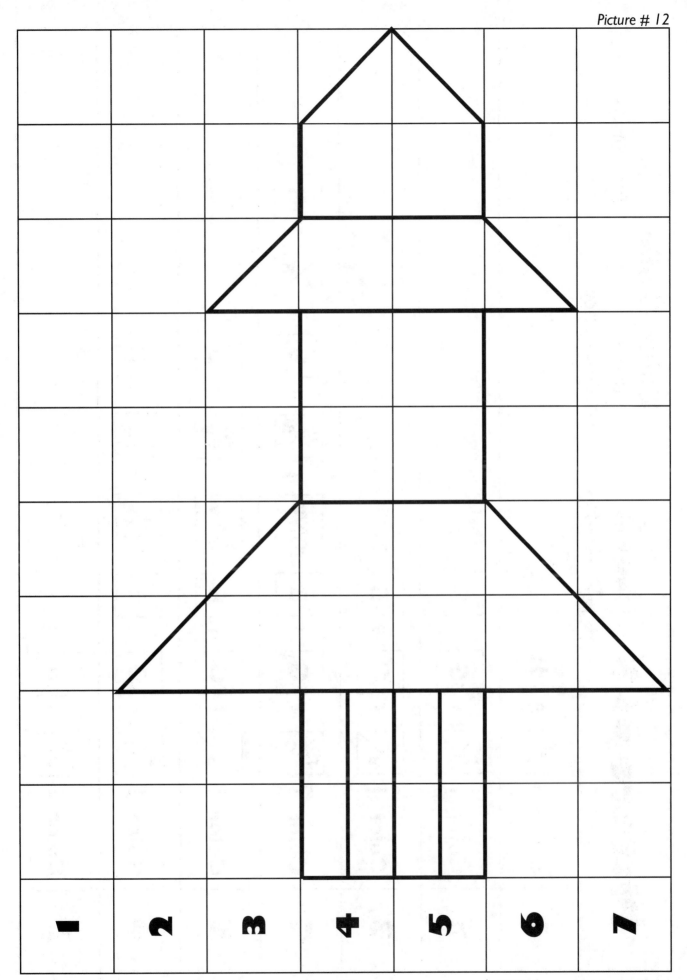

# Picture #13

## Color Code

B = Blue     R = Red     P = Purple
W = White     G = Green

| | |
|---|---|
| **1** | Color 1 [P/B] 8 B |
| **2** | Color 1 [P/G] 1 G 7 B |
| **3** | Color 1 [P/G] 1 G 7 B |
| **4** | Color 1 [P/G] 1 G 2 W 1 [W/B] 1 B 1 [R/B] 1 B |
| **5** | Color 1 [P/G] 1 G 1 B 1 W 1 [W/B] 4 B |
| **6** | Color 1 [P/G] 1 G 1 B 1 [W/B] 5 B |
| **7** | Color 1 [P/B] 8 B |

1  2  3  4  5  6  7

# Picture #14

## Color Code

R = Red
W = White
B = Blue
BL = Black

| # | Instructions |
|---|---|
| **1** | Color 9 [B] |
| **2** | Color 2 [B] - [BL] - [B] - [BL] 4 [B] |
| **3** | Color 2 [B] - [W] - [B] - [W] 4 [B] |
| **4** | Color 1 [B] 6 [R] 2 [B] |
| **5** | Color 1 [R/B] 7 [R] - [R/B] |
| **6** | Color 1 [B] - [R/B] - [R/W] - [R/W] - [R/W] - [R/W] - [R/W] - [B] |
| **7** | Color 2 [B] - [R/B] 3 [R] - [R/B] 2 [B] |

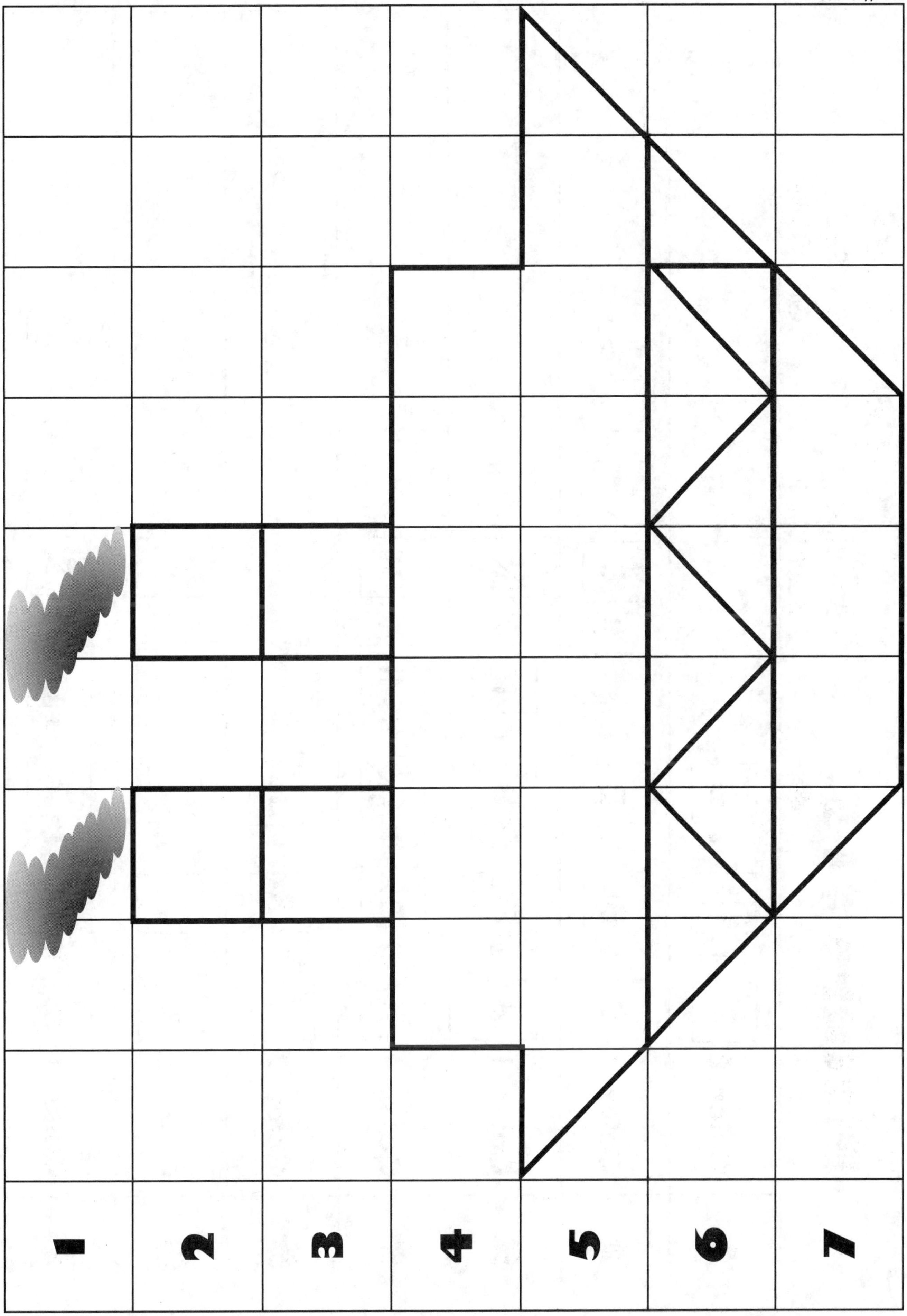
1
2
3
4
5
6
7

# Picture #15

#5998 Start to Finish: Graph Art

**Color Code**

B = Blue          R = Red

BL = Black          GR = Gray

**1** Color 6 [B] | [BL | B] 2 [B]

**2** Color 1 [B] | [BL] 2 | [B/R] | [B] | [BL | B] 2 [B]

**3** Color 1 [B] | 2 [BL] | [B/BL] | [B] | 4 [R] | [B/BL]

**4** Color 1 [B/BL] | [BL] | [R/BL] | 5 [R] | [BL]

**5** Color 3 [BL] 5 [R] | [BL]

**6** Color 3 [BL] 3 [B] | [B/BL] | [B] | [B/BL]

**7** Color 1 [BL/GR] | [BL] | [GR/BL] | 3 [GR] | [BL/GR] | [GR]

© Teacher Created Resources, Inc.

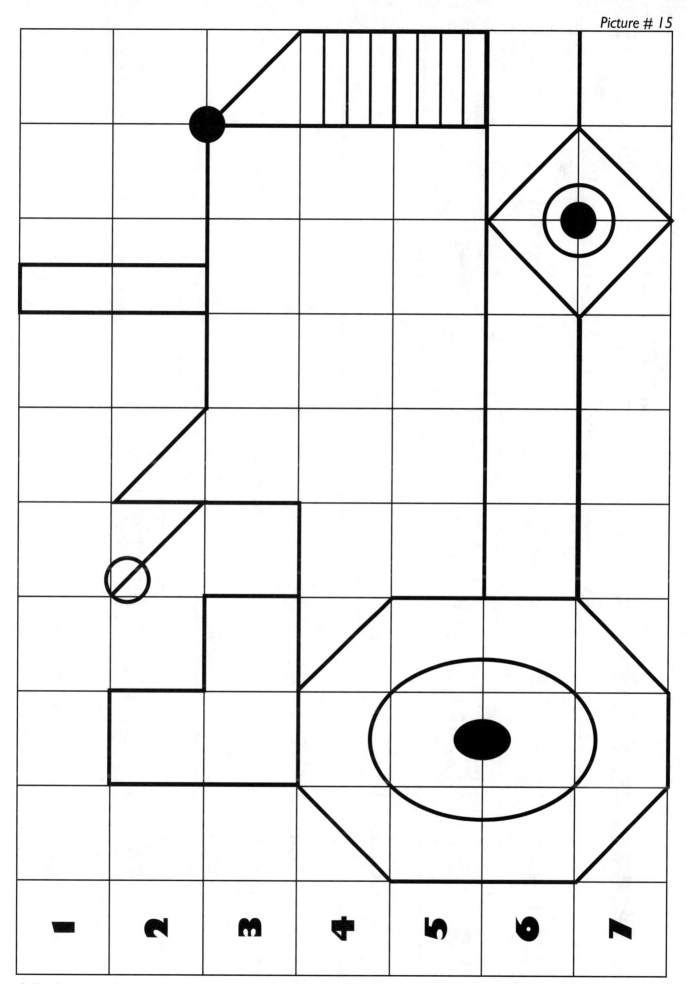

# Picture #16

**Color Code**

B = Blue    GR = Gray    Y = Yellow
BL = Black    R = Red

**1**   Color 1 | GR | 2 | R | 6 | B

**2**   Color 1 | GR/BL | 1 | R/BL | 3 | R | 4 | B

**3**   Color 1 | BL/GR | 1 | BL/R | 2 | R | 1 | R/B | 4 | B

**4**   Color 1 | GR | 3 | R | 5 | B

**5**   Color 1 | GR/BL | 1 | R/BL | 2 | R | 5 | B

**6**   Color 1 | BL/GR | 1 | BL/R | 1 | R | 6 | B

**7**   Color 1 | GR | 4 | R | 4 | B

# Picture #16 (cont.)

**Color Code**

GR = Gray    Y = Yellow
R = Red

B = Blue
BL = Black

**8** | Color 1 | GR | 4 | R | 4 | B

**9** | Color 1 | GR | 1 | R | 7 | B

**10** | Color 1 | GR | 5 | R | 3 | B

**11** | Color 1 | GR | 3 | R | 2 | Y | 1 | R | 2 | B

**12** | Color 1 | GR/BL | 1 | R/BL | 2 | R | 2 | Y | 3 | B

**13** | Color 1 | BL/GR | 1 | BL/R | 4 | R | 3 | B

**14** | Color 1 | GR | 3 | R | 5 | B

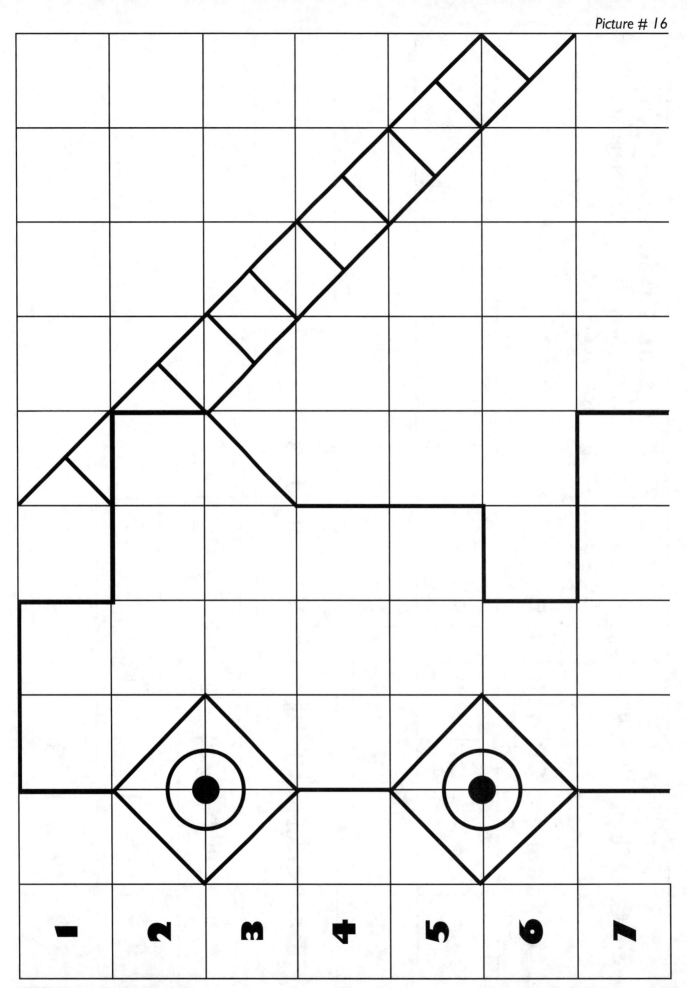

| 8 | 9 | 10 | 11 | 12 | 13 | 14 |

# Picture #17

**Color Code**
B = Blue
BL = Black
GR = Gray
O = Orange

**1** Color 1 GR/o 1 B/O 1 O 5 B

**2** Color 1 O/GR 3 O 1 B/O 4 B

**3** Color 1 GR 2 B 1 O/B 4 B

**4** Color 1 GR/BL 1 BL 1 B/BL O 3 O 1 B/BL 2 B

**5** Color 1 BL 1 GR 1 BL 3 O 3 B

**6** Color 1 BL 1 GR 1 BL 3 O 2 B 1 B/o

**7** Color 1 BL 1 GR 1 BL 6 O

# Picture #17 (cont.)

**Color Code**

B = Blue    GR = Gray
BL = Black    O = Orange

| 8 | Color | BL | BL | GR | BL | 6 | O |
| 9 | Color | BL | BL | GR | BL | 6 | O |
| 10 | Color | BL | BL | GR | BL | 2 | O | 2 | B | O |
| 11 | Color | BL/GR | BL | BL/B | B | O/B | B | 4 | B |
| 12 | Color | GR/O | B | B/O | O | B/B | O | 4 | B |
| 13 | Color | O | O | B/O | O | O/B | 5 | B |
| 14 | Color | GR | O/B | O/B | B | O/B | 5 | B |

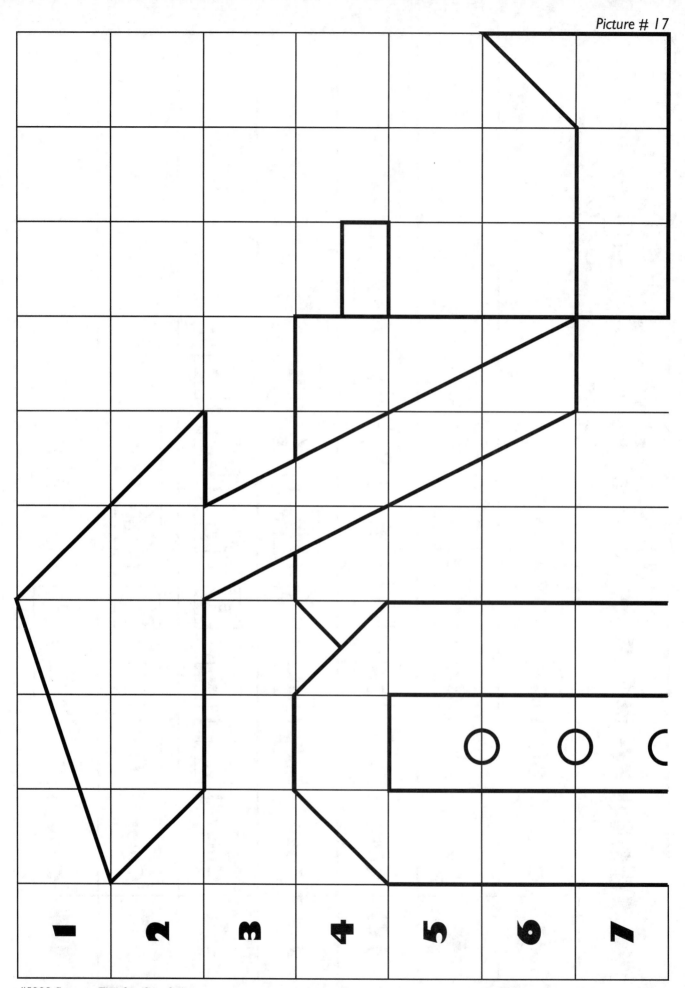

40

© Teacher Created Resources, Inc.

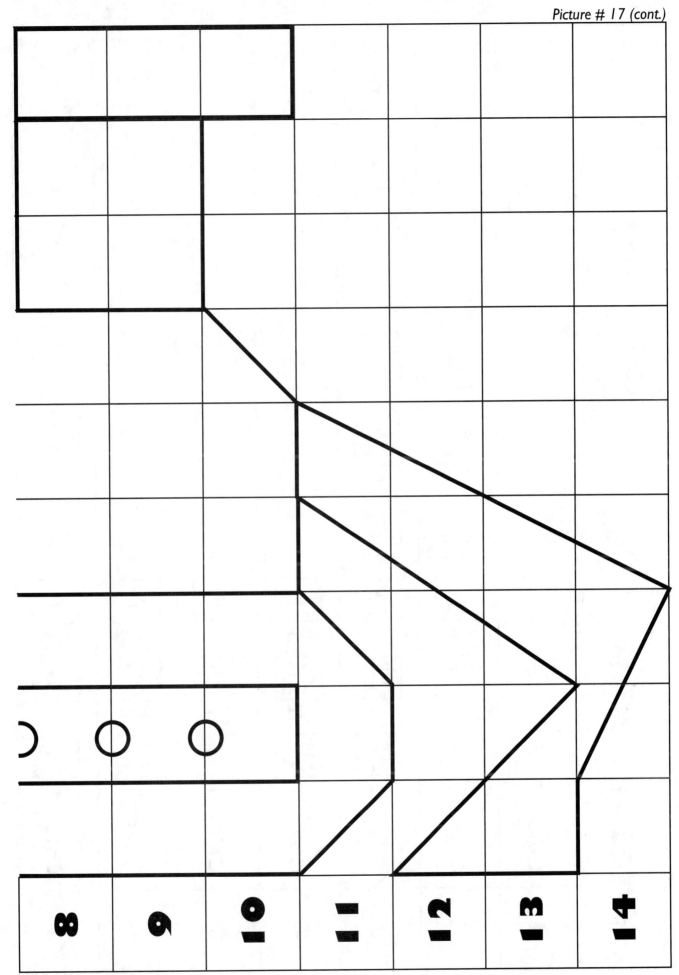

# Picture #18

**Color Code**

B = Blue    PK = Pink    P = Purple

1. Color 9 B

2. Color 1 B — 1 B/PK — 4 B — 1 P — 1 B/P — 1 B

3. Color 1 B/PK — 1 PK/B — 4 PK — 2 P — 1 B/P

4. Color 1 PK/B — 5 PK — 3 P

5. Color 1 B/PK — 5 PK — 3 P

6. Color 1 B/PK — 5 PK — 2 P — 1 P/B

7. Color 1 PK/B — 5 B — 1 P — 1 P/B — 1 B

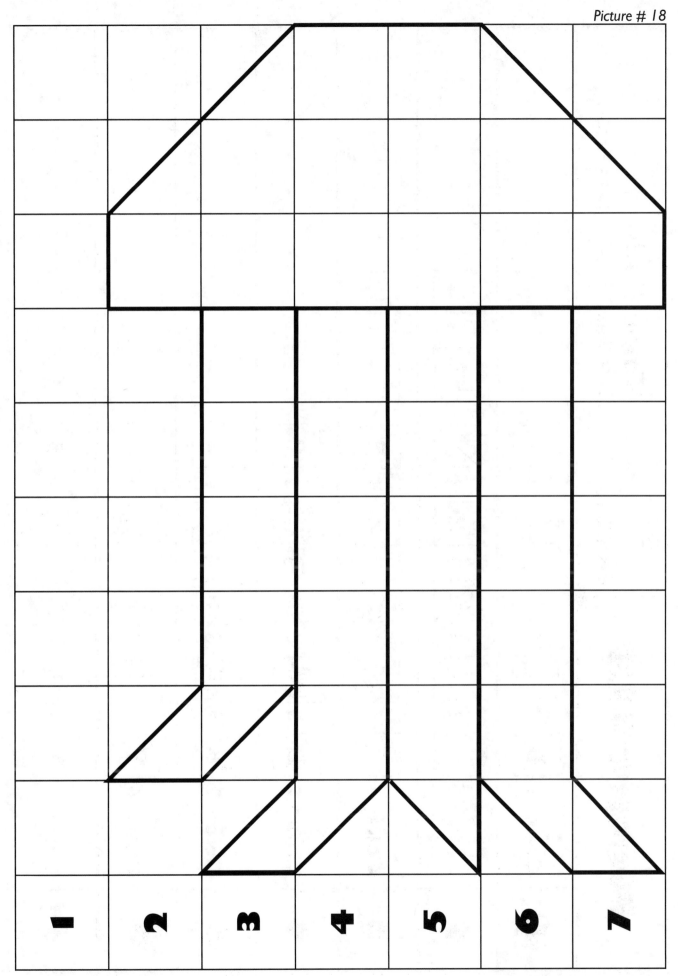

# Picture #19

## Color Code

B = Blue    R = Red    Y = Yellow

| | | | | | | | | | | | |
|---|---|---|---|---|---|---|---|---|---|---|---|
| **1** | Color 1 | B | - | B/R | - | 5 | B | - | B | | |
| **2** | Color 1 | B | - | B/R | - | R/B | - | 3 | B | - | R/B - B |
| **3** | Color 1 | B | - | R/B | - | B/R | - | R | - | B/R | - R/B - B |
| **4** | Color 2 | B | - | R/B | - | 3 | R | - | B/R | - R/B - 2 B |
| **5** | Color 2 | B | - | R/B | - | 3 | R | - | R/B | - 2 B |
| **6** | Color 9 | Y | | | | | | | | | |
| **7** | Color 9 | Y | | | | | | | | | |

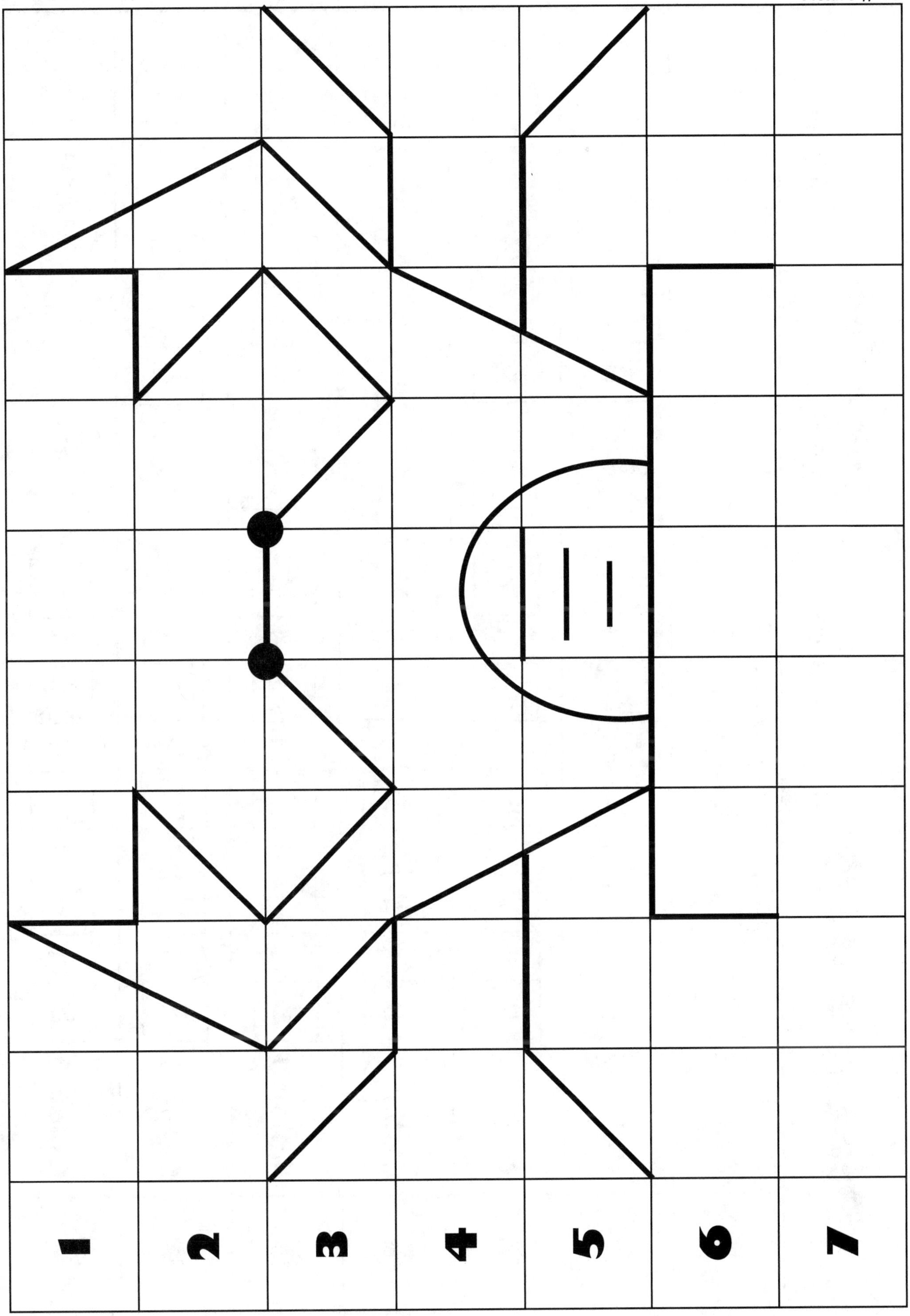
1
2
3
4
5
6
7

# Picture #20

## Color Code

BL = Black    B = Blue    Y = Yellow

**1**   Color 3   B – BL – B – 3 – B

**2**   Color 2   B – BL – BL – Y – 2 – B

**3**   Color 1   B – Y – Y – 3 – Y – B

**4**   Color 1   B – Y – 4 – Y – 2 – Y

**5**   Color 1   B – Y – Y – BL – Y – 4 – Y

**6**   Color 2   B – BL – Y – Y – Y – B – B

**7**   Color 3   B – B – BL – 3 – B

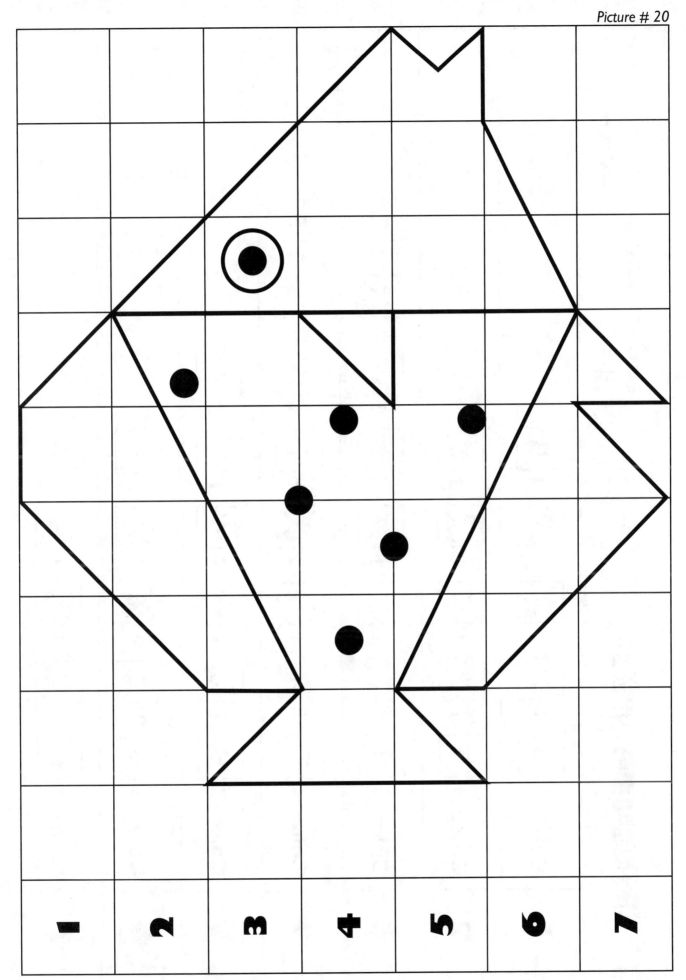

# Picture #21

**Color Code**

BL = Black    B = Blue    W = White

| # | Color | | | | | | | | |
|---|-------|--|--|--|--|--|--|--|--|
| 1 | Color 2 | B | – | BL/B | – | W/BL | – | B/W | 4 B |
| 2 | Color 3 | B | – | BL/W | – | W/BL | – | W/B | 3 B |
| 3 | Color 1 | B | – | BL/B | – | B/BL | – | B/W | – | W/BL | – | W | – | BL/B | 2 B |
| 4 | Color 1 | B | – | B/W | – | BL/B | – | W/BL | – | W | – | BL/B | 2 B |
| 5 | Color 3 | B | – | W/BL | – | BL/W | – | W | – | BL/B | 2 B |
| 6 | Color 3 | B | – | W/BL | – | W/B | 3 B |
| 7 | Color 3 | B | – | BL/W | – | W/B | 4 B |

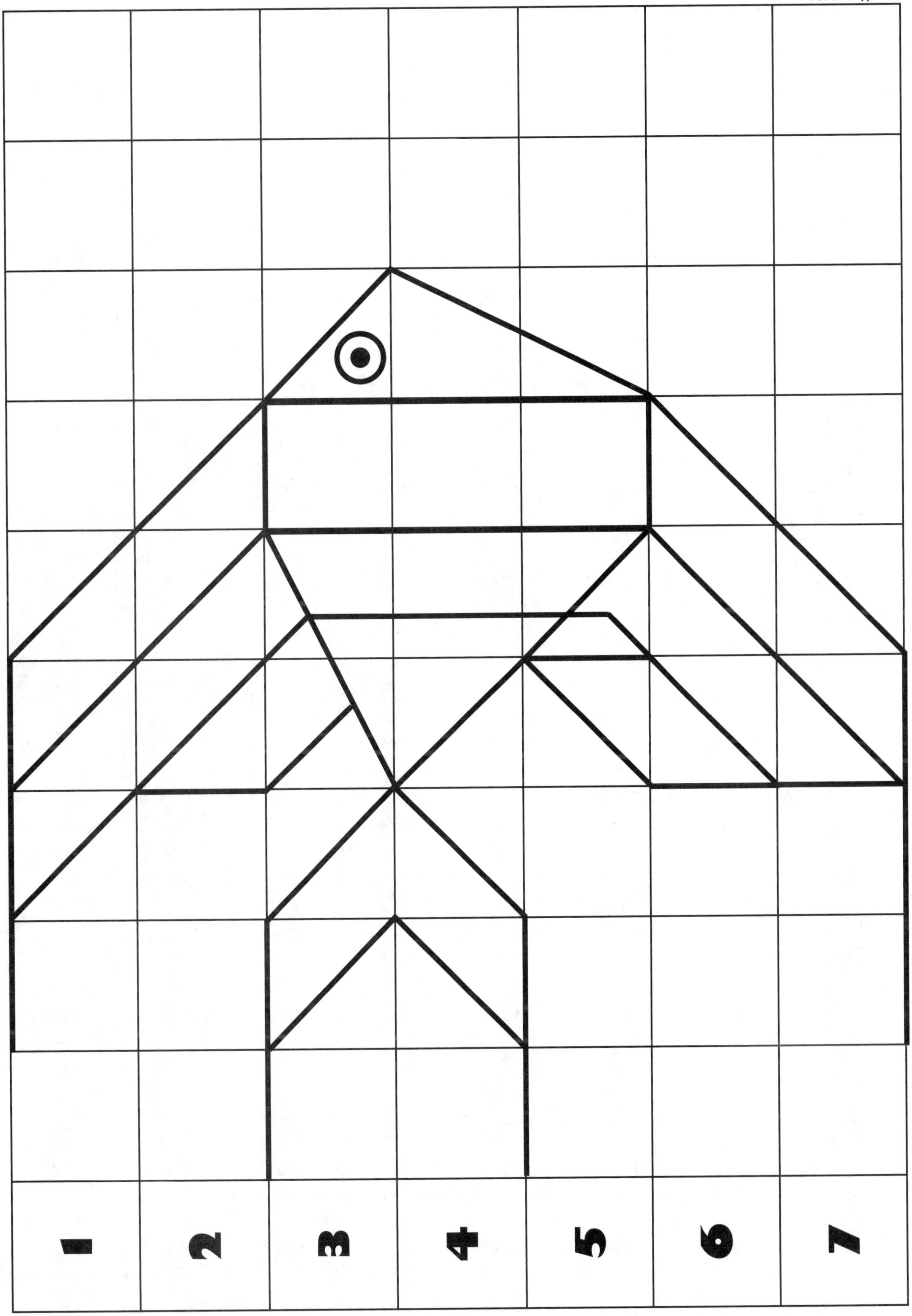
1
2
3
4
5
6
7

# Picture #22

## Color Code
B = Blue    O = Orange

| | |
|---|---|
| 1 | Color 9 B |
| 2 | Color 4 B 1 O B 4 B |
| 3 | Color 1 B 1 O B 1 O 1 2 O 2 B |
| 4 | Color 1 B 6 O 1 B 1 B |
| 5 | Color 1 B 1 O O 1 O 1 B 2 B |
| 6 | Color 4 B 1 O B 4 B |
| 7 | Color 9 B |

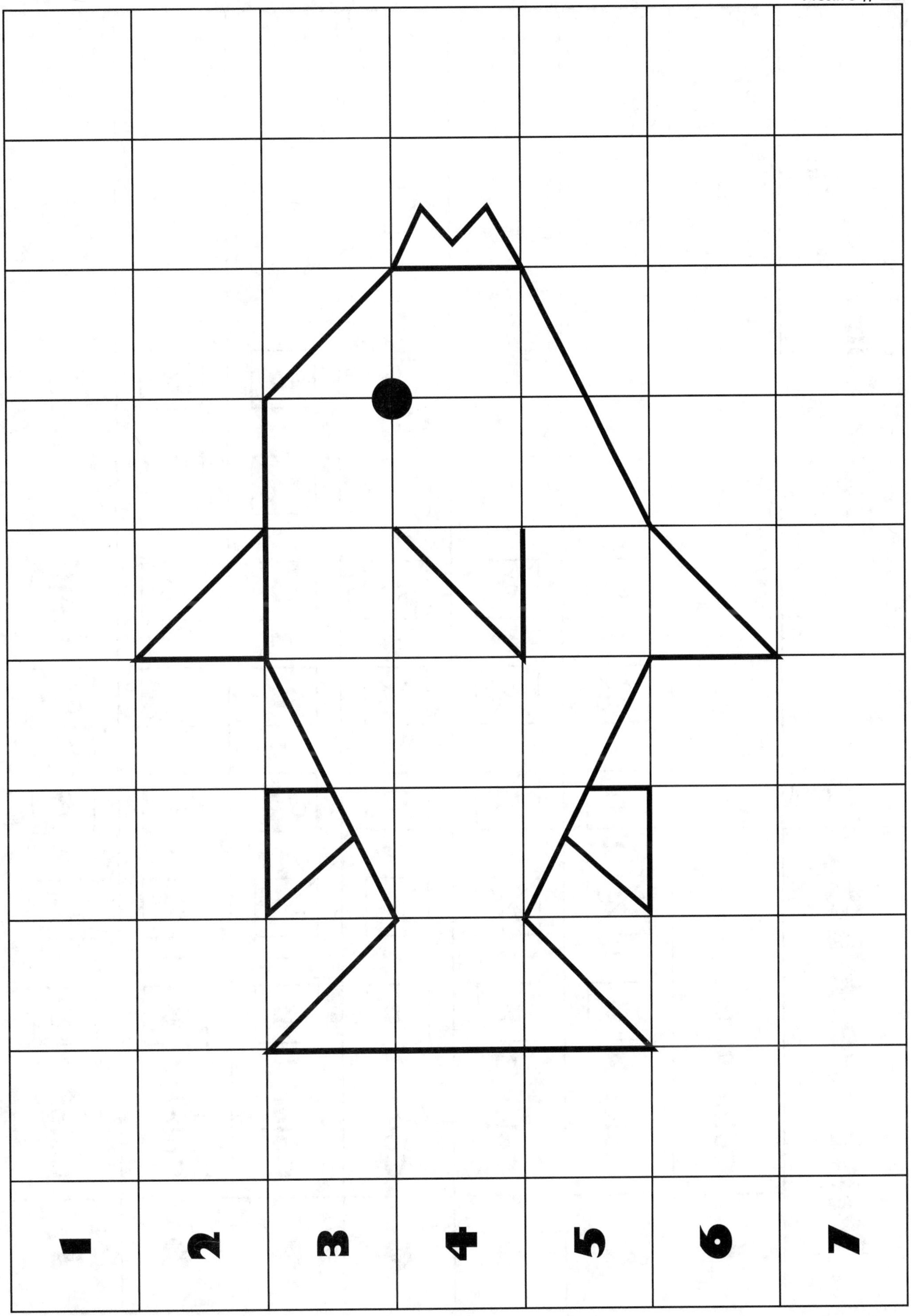
1
2
3
4
5
6
7

# Picture #23

**Color Code**

B = Blue   G = Green   PK = Pink

| | |
|---|---|
| **1** | Color 9 B |
| **2** | Color 4 B – B/G – 2 G – B/G – B |
| **3** | Color 3 B – B/G – 3 G – B/G – B |
| **4** | Color 2 B – B/G – 4 G – B/G – B |
| **5** | Color 1 B – G/B – B – 3 G – B/G – B |
| **6** | Color 1 B – G/B – B – 3 G – B/PK |
| **7** | Color 2 B – B/G – 4 G – B/PK – PK |

# Picture #23 (cont.)

## Color Code

B = Blue   G = Green   PK = Pink

| Row | Code |
|-----|------|
| **8** | Color 2 B 5 G 2 PK |
| **9** | Color 2 B 1 [G/B] 4 G 1 [PK/B] 1 PK |
| **10** | Color 1 [B/G] 1 G 1 [B/G] 3 G 1 [B/G] 1 [B/PK] |
| **11** | Color 1 [G/B] 2 B 1 [G/B] 3 G 1 [G/B] 2 G 2 B |
| **12** | Color 1 G 1 [B/G] 2 B 1 [B/G] 2 G 1 [G/B] 2 B |
| **13** | Color 1 [G/B] 1 [B/G] 1 G 1 [G/B] 3 B |
| **14** | Color 1 B 2 [G/B] 2 G 4 B |

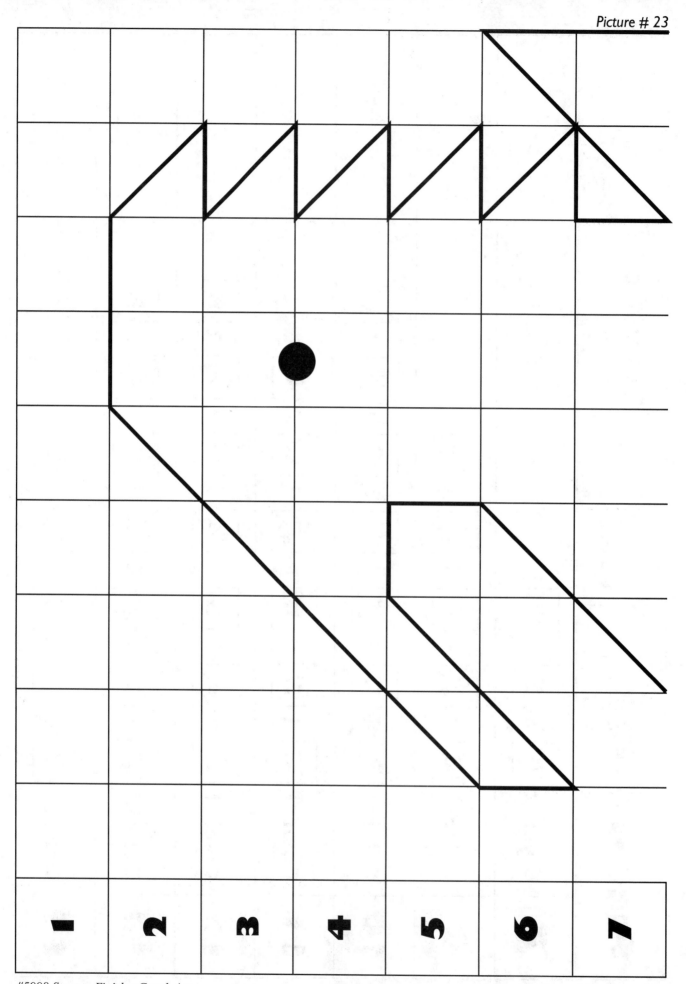

© Teacher Created Resources, Inc.

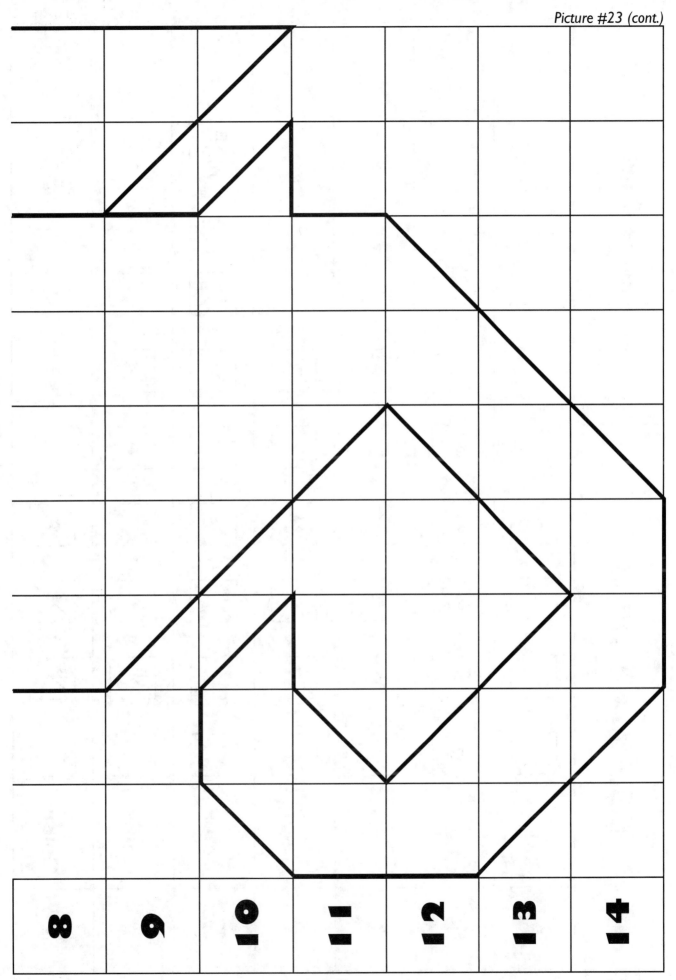

8  9  10  11  12  13  14

# Picture #24

## Color Code
B = Blue
P = Pink

| | |
|---|---|
| **1** | Color 4 [B] - [B/P] - 3 [B] |
| **2** | Color 4 [B] - [P] - [B/P] - 2 [P] |
| **3** | Color 1 [P] - 3 [B] - [P] - [B/P] - 2 [B] |
| **4** | Color 1 [P] - 2 [B] - [P] - [P/B] - 3 [B] |
| **5** | Color 1 [P] - [P/B] - [B] - [P] - [B/P] - [B] - [P] - [B/P] |
| **6** | Color 1 [B] - [P/B] - [P] - [P/B] - 3 [P] |
| **7** | Color 1 [P] - [B/P] - 6 [P] |

# Picture #24 (cont.)

**8** — Color 1 B – 1 [P/B] – 1 [B/P] – 5 P

**9** — Color 5 P – 2 P – 1 [P/B] – 1 [P/B]

**10** — Color 3 B – 1 [B/P] – 1 P – 1 [B/P] – 3 B

**11** — Color 2 B – 1 [B/P] – 1 P – 1 P – 1 [P/B] 2 B

**12** — Color 1 B – 1 [P/B] – 1 B – 1 B – 1 P – 2 B

**13** — Color 1 [B/P] – 1 B – 1 [B/P] – 1 P – 1 B – 2 B

**14** — Color 1 [P/B] 2 B – 1 P – 1 [P/B] – 1 B – 1 P 2 B

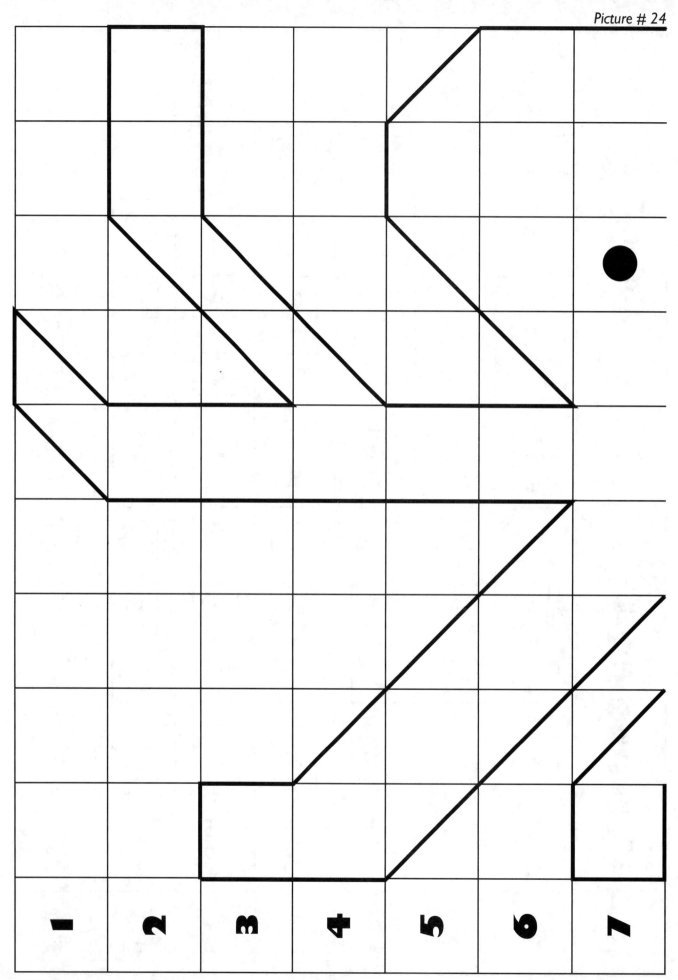

58

© Teacher Created Resources, Inc.

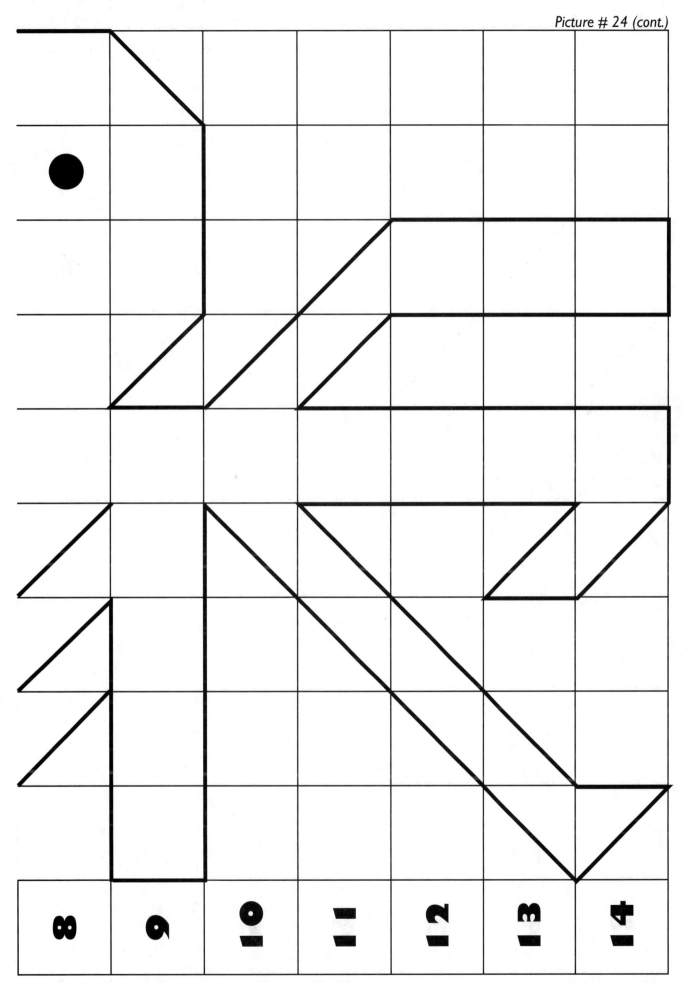

| | | | | | | |
|---|---|---|---|---|---|---|
| | | | | | | |
| | | | | | | |
| | | | | | | |
| | | | | | | |
| | | | | | | |
| | | | | | | |
| | | | | | | |
| | | | | | | |
| | | | | | | |
| 1 | 2 | 3 | 4 | 5 | 6 | 7 |

© Teacher Created Resources, Inc.

| | | | | | | |
|---|---|---|---|---|---|---|
| | | | | | | |
| | | | | | | |
| | | | | | | |
| | | | | | | |
| | | | | | | |
| | | | | | | |
| | | | | | | |
| | | | | | | |
| 8 | 9 | 10 | 11 | 12 | 13 | 14 |

# Picture #

## Color Code

B =   G = Green   P = Purple   W = White

BL =   GR = Gray   PK = Pink   Y = Yellow

BR =   O = Orange   R = Red

| # | Color |
|---|-------|
| 1 | Color |
| 2 | Color |
| 3 | Color |
| 4 | Color |
| 5 | Color |
| 6 | Color |
| 7 | Color |

# ANSWER KEY

**Picture # 1**

Barn

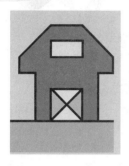

**Picture # 2**

Flower

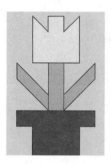

**Picture # 3**

Cow

**Picture # 4**

Pig

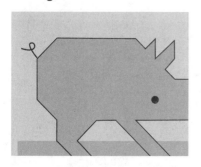

**Picture # 5**

Horse

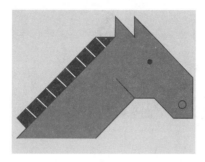

**Picture # 6**

Duck

**Picture # 7**

Rooster

**Picture # 8**

Pickup Truck

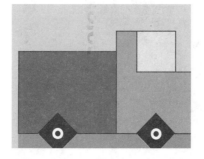

**Picture # 9**

Van

**Picture # 10**

Dump Truck

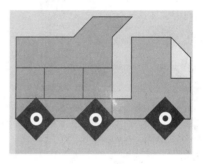

**Picture # 11**

Train

**Picture # 12**

Rocket

© Teacher Created Resources, Inc.

#5998 Start to Finish: Graph Art

# ANSWER KEY *(cont.)*

### Picture # 13
Sailboat

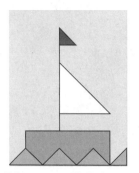

### Picture # 17
Bulldozer

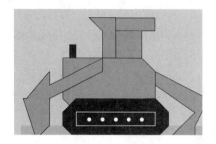

### Picture # 21
Angelfish

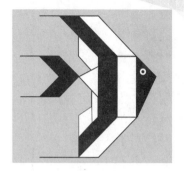

### Picture # 14
Cruise Ship

### Picture # 18
Jellyfish

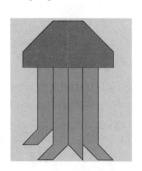

### Picture # 22
Goldfish

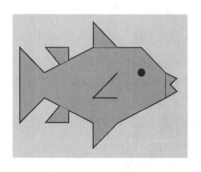

### Picture # 15
Tractor

### Picture # 19
Crab

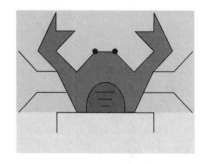

### Picture # 23
Sea Horse

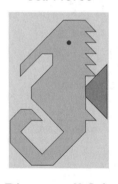

### Picture # 16
Fire Engine

### Picture # 20
Butterfly Fish

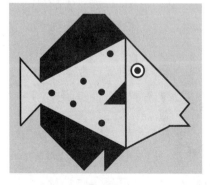

### Picture # 24
Octopus

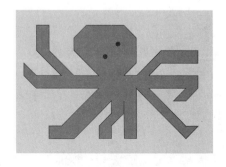